Impressum
Verlag: BABADADA GmbH, Nedderfeld 112 , 22529 Hamburg
Geschäftsführer / Verlagsleitung: Harald Hof
Druck: Books on Demand GmbH, In de Tarpen 42, 22848 Norderstedt

Imprint
Publisher: BABADADA GmbH, Nedderfeld 112 , 22529 Hamburg, Germany
Managing Director / Publishing direction: Harald Hof
Print: Books on Demand GmbH, In de Tarpen 42, 22848 Norderstedt, Germany

学校

škola

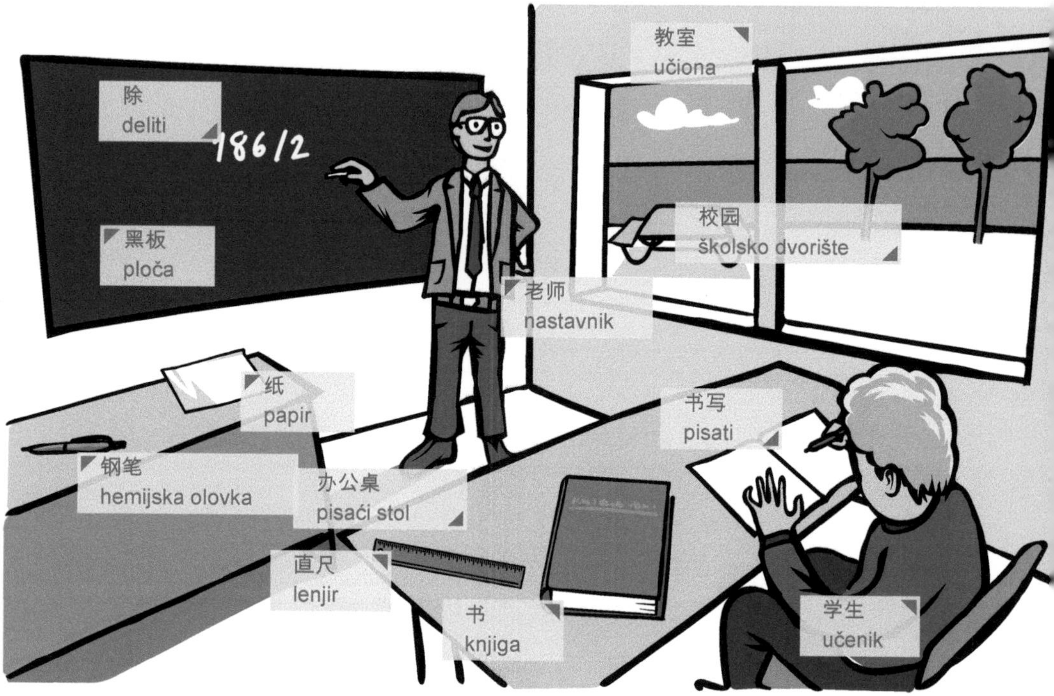

教室
učiona
除
deliti
186/2
校园
školsko dvorište
黑板
ploča
老师
nastavnik
纸
papir
书写
pisati
钢笔
hemijska olovka
办公桌
pisaći stol
直尺
lenjir
书
knjiga
学生
učenik

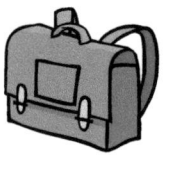

书包

torba

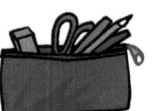

铅笔盒

pernica

铅笔

grafitna olovka

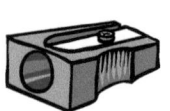

卷笔刀

šiljilo za olovke

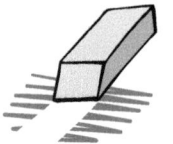

橡皮擦

gumica za brisanje

画板

blok za crtanje

图画
crtež

画笔
kist

颜料盒
kutija sa bojama

剪刀
makaze

胶水
lepilo

练习册
beležnica

家庭作业
domaći zadatak

12

数字
broj

2+2

加
sabirati

5-2

减
oduzimati

2×2

乘
množiti

计算
računati

A

字母
slovo

ABCDEFG
HIJKLMN
OPQRSTU
VWXYZ

字母表
abeceda

hello

字
reč

课文

tekst

读

čitati

粉笔

kreda

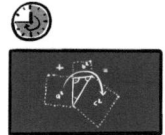

上课

čas

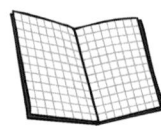

登记

dnevnik

考试

ispit

证书

svedočanstvo

校服

školska uniforma

教育

obrazovanje

百科全书

leksikon

大学

univerzitet

显微镜

mikroskop

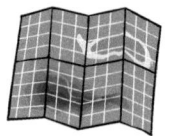

地图

karta

废纸筐

košara za papir

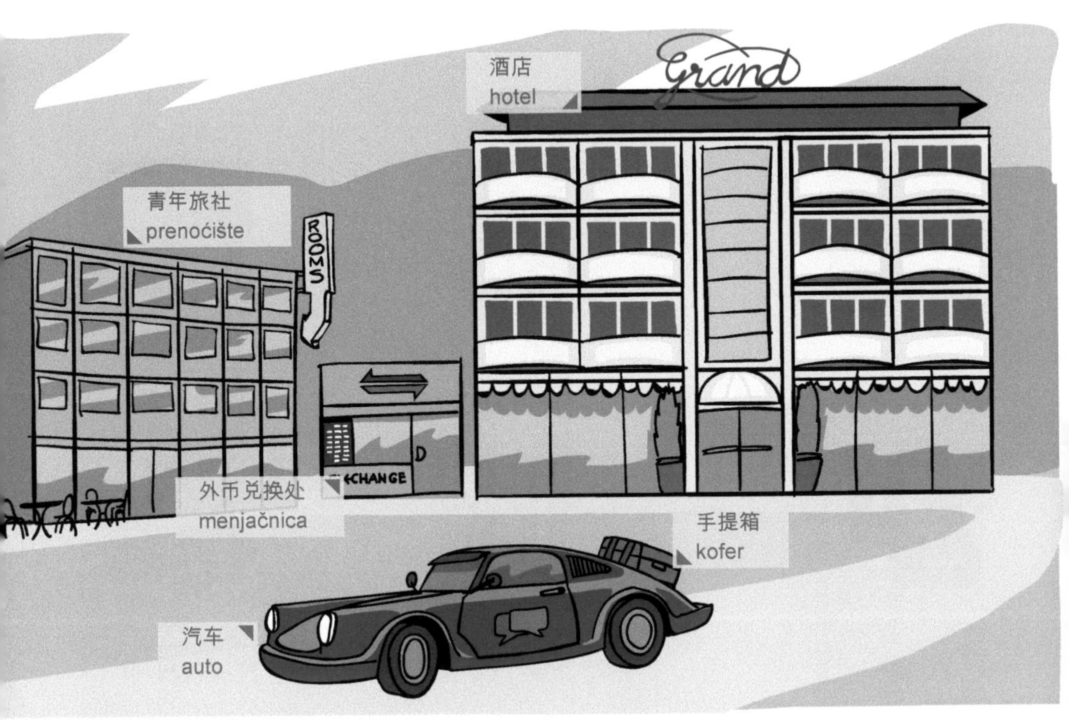
酒店
hotel
Grand
青年旅社
prenoćište
ROOMS
外币兑换处
menjačnica
手提箱
kofer
汽车
auto

语言
jezik

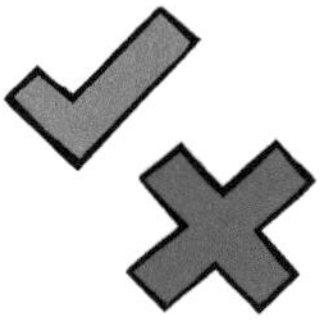

是/否
da / ne

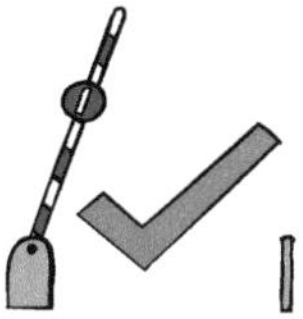

好的
okej

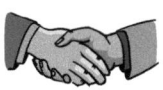

您好
zdravo

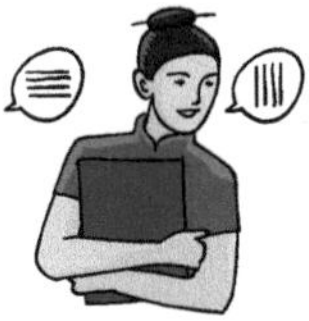

翻译员
prevodilac

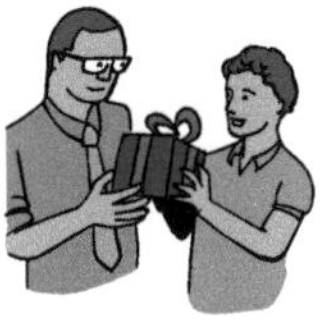

谢谢
hvala

......多少钱？

Koliko košta...?

我不明白

ne razumem

问题

problem

晚上好！

dobro veče!

早上好！

Dobro jutro!

晚安！

Laku noć!

再见

doviđenja

方向

smer

行李

prtljaga

包

torba

双肩包

ruksak

客人

gost

房间

soba

睡袋

vreća za spavanje

帐篷

šator

旅游信息

turističke informacije

海滩

plaža

信用卡

kreditna kartica

早餐

doručak

午餐

ručak

晚餐

večera

票

karta za vožnju

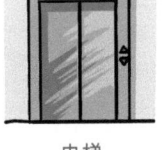

电梯

lift

邮票

poštanska markica

边界

granica

海关

carina

大使馆

ambasada

签证

viza

护照

pasoš

交通运输

transport

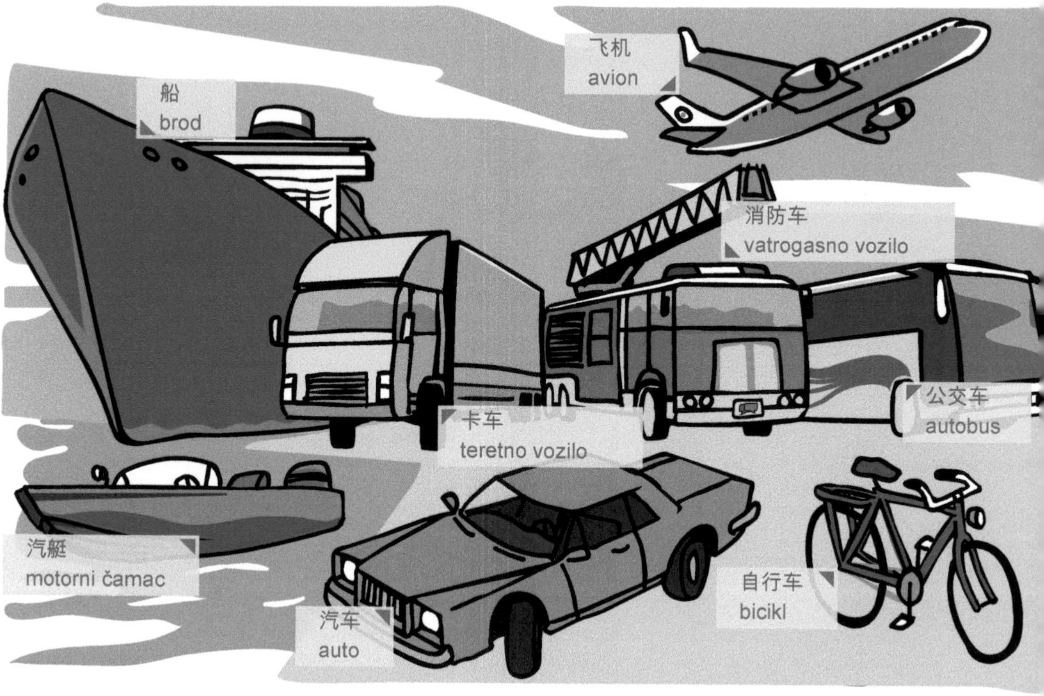
飞机
avion
船
brod
消防车
vatrogasno vozilo
公交车
autobus
卡车
teretno vozilo
汽艇
motorni čamac
自行车
bicikl
汽车
auto

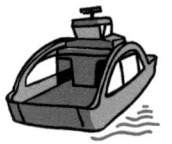

摆渡船

trajekt

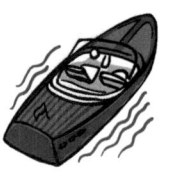

小船

čamac

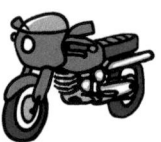

摩托车

motocikl

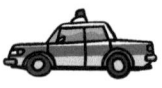

警车

policijski auto

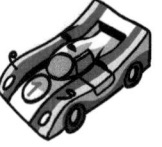

赛车

trkaći auto

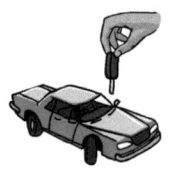

租车

iznajmljeno auto

拼车

delenje automobila

拖车

vučno vozilo

垃圾车

vozilo za odvoz smeća

发动机

motor

汽油

benzin

加油站

benzinska stanica

交通标志

saobraćajni znak

交通

saobraćaj

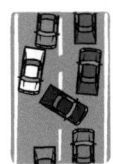

交通堵塞

zastoj

停车场

parkiralište

火车站

železnička stanica

轨道

šine

火车

voz

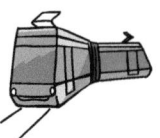

电车

tramvaj

货车

vagon

交通运输 - transport

直升机

helikopter

机场

aerodrom

塔

kula

乘客

putnik

集装箱

kontejner

纸板箱

karton

手推车

kolica

篮子

korpa

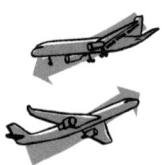

起飞/降落

uzleteti / sleteti

城市

grad

村庄

selo

市中心

centar grada

房子

kuća

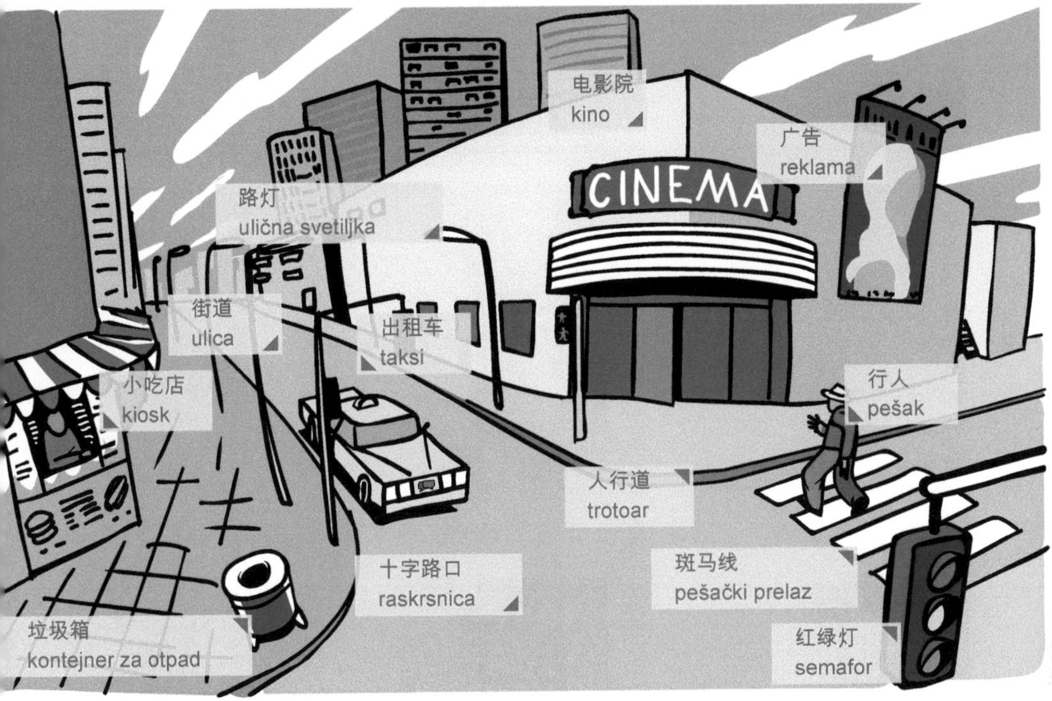
电影院
kino
广告
reklama
CINEMA
路灯
ulična svetiljka
街道
ulica
出租车
taksi
小吃店
kiosk
行人
pešak
人行道
trotoar
十字路口
raskrsnica
斑马线
pešački prelaz
垃圾箱
kontejner za otpad
红绿灯
semafor

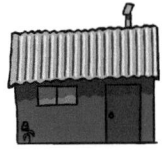

小屋

koliba

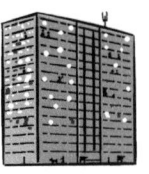

公寓

stan

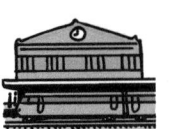

火车站

železnička stanica

市政厅

većnica

MUSEUM

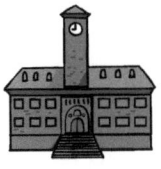

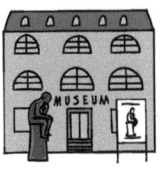

博物馆

muzej

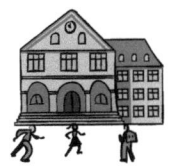

学校

škola

大学

univerzitet

银行

banka

医院

bolnica

酒店

hotel

药房

apoteka

办公室

kancelarija

书店

knjižara

商店

prodavnica

花店

cvećara

超市

supermarket

市场

trg

百货商店

robna kuća

鱼店

ribarnica

购物中心

trgovački centar

海港

luka

公园

park

长凳

klupa

桥

most

楼梯

stepenice

地铁

podzemna železnica

隧道

tunel

公交车站

autobuska stanica

酒吧

bar

餐馆

restoran

邮筒

poštansko sanduče

路标

ulični znak

停车计时器

parkirni automat

动物园

zoološki vrt

游泳馆

bazen

清真寺

džamija

农场

seosko gazdinstvo

污染

zagađenje okoline

墓地

groblje

教堂

crkva

操场

igralište

寺庙

hram

地形

pejsaž

树叶
list

指示牌
putokaz

路
put

草地
livada

石头
kamen

树
drvo

徒步旅行者
šetač

河
reka

草
trava

花
cvijet

峡谷
dolina

山
planina

湖
jezero

森林
šuma

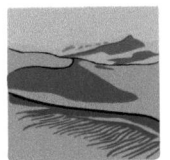

沙漠
pustinja

火山
vulkan

城堡
dvorac

彩虹
duga

蘑菇
gljiva

棕榈树
palma

蚊子
moskito

苍蝇
muva

蚂蚁
mrav

蜜蜂
pčela

蜘蛛
pauk

甲虫
buba

青蛙
žaba

松鼠
veverica

刺猬
jež

野兔
zec

猫头鹰
sova

鸟
ptica

天鹅
labud

野猪
divlja svinja

鹿
jelen

麋鹿
los

水坝
nasip

风力发电机
vetrenjača

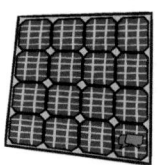

太阳能电池板
solarna ploča

气候
klima

餐馆

restoran

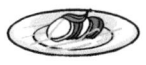

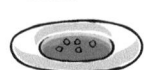

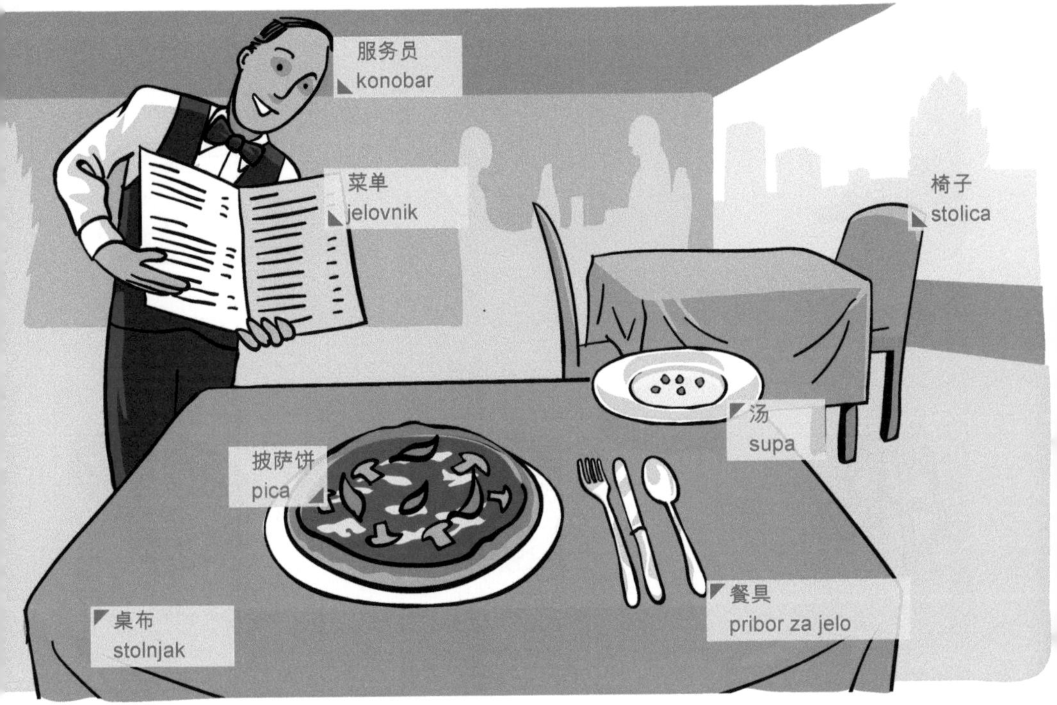

服务员
konobar
菜单
jelovnik
椅子
stolica
汤
supa
披萨饼
pica
餐具
pribor za jelo
桌布
stolnjak

前菜

predjelo

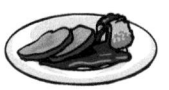

主菜

glavno jelo

甜点

desert

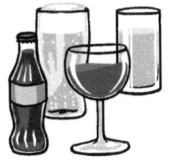

饮料

napitci

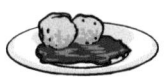

食物

jelo

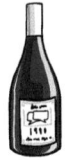

瓶子

flaša

快餐
brza hrana

街边小吃
imbis hrana

茶壶
čajnik

糖盒
doza za šećer

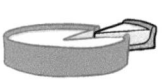

一份饭菜
porcija

意式咖啡机
aparat za espresso

高脚椅
visoka stolica

账单
račun

托盘
poslužavnik

刀
nož

餐叉
viljuška

勺子
kašika

茶匙
čajna kašika

餐巾
salveta

玻璃杯
čaša

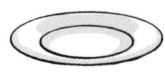

碟子
tanjir

汤盘
tanjir za supu

碟子
tanjirić

酱
sos

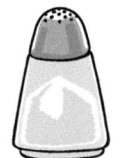

盐瓶
soljenka

胡椒磨
mlin za biber

醋
sirće

食用油
ulje

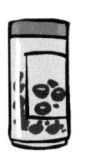

调味料
začini

番茄酱
kečap

芥末
senf

蛋黄酱
majoneza

超市

supermarket

特价
ponuda
FOR
顾客
kupac
乳制品
mlečni proizvodi
水果
voće
购物车
kolica za kupovinu

BUTCHERS

肉铺
....
mesnica

BAKERY

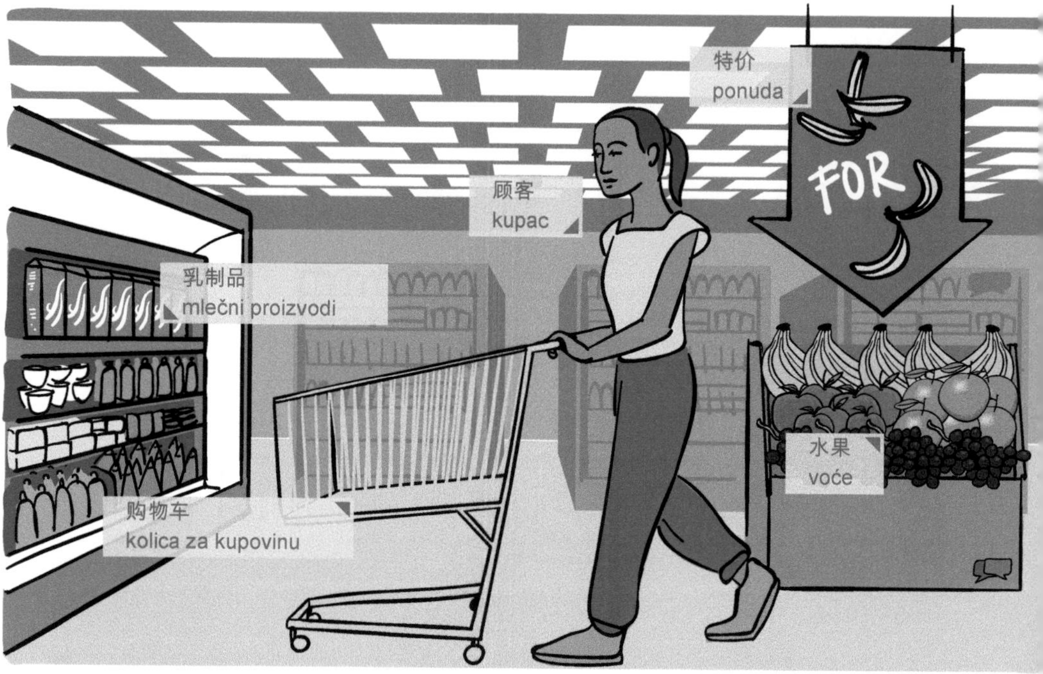

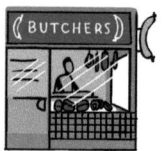

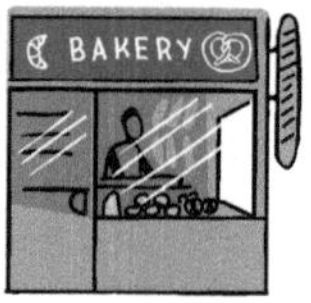

面包房
....
pekara

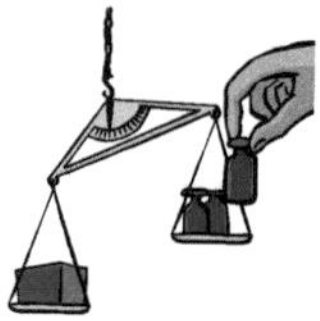

称重
....
vagati

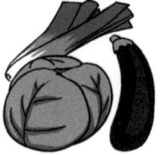

蔬菜
....
povrće

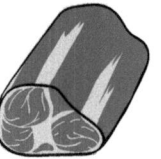

肉
....
meso

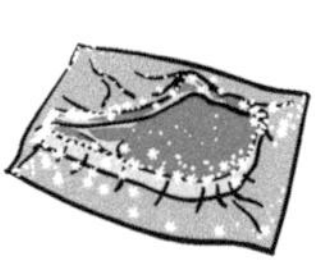

冷冻食品
....
smrznuta hrana

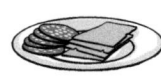

冷盘
narezak

罐头食品
konzerve

洗衣粉
sredstvo za pranje

甜食
slatkiši

日用品
artikli za domaćinstvo

清洁用品
sredstva za čišćenje

销售员
prodavačica

收银机
blagajna

收银员
blagajnik

购物清单
lista za kupovinu

开放时间
vreme rada

钱包
novčanik

信用卡
kreditna kartica

袋子
torba

塑料袋
plastična kesa

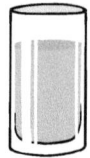

水
voda

果汁
sok

牛奶
mleko

可乐
kola

红酒
vino

啤酒
pivo

酒
alkohol

可可
kakao

茶
čaj

咖啡
kava

意式浓缩咖啡
espresso

卡布奇诺
cappuccino

香蕉

banana

苹果

jabuka

橙子

narandža

西瓜

lubenica

柠檬

limun

胡萝卜

šargarepa

大蒜

beli luk

竹子

bambus

洋葱

luk

蘑菇

gljiva

坚果

orašasti plodovi

面条

rezanci

意大利面条

špagete

米饭

riža

沙拉

salata

薯条

pomfrit

炸土豆

pečeni krumpir

披萨饼

pica

汉堡包

hamburger

三明治

sendvič

炸猪排

šnicla

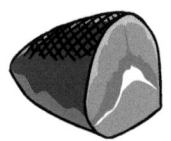

火腿

šunka

萨拉米

salama

香肠

kobasica

鸡肉

kokoš

烤肉

pečenje

鱼

riba

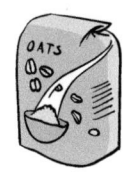

燕麦片

zobene pahuljice

穆兹利

musli

玉米片

kukuruzne pahuljice

面粉

brašno

羊角面包

kroasan

面包卷

pecivo

面包

hleb

烤面包

toast

饼干

keksi

黄油

maslac

凝乳

sveži sir

蛋糕

kolač

蛋

jaje

煎蛋

jaje na oko

奶酪

sir

冰激凌

sladoled

糖

šećer

蜂蜜

med

果酱

marmelada

巧克力酱

nugat krema

咖喱饭

kari

农场

seosko gazdinstvo

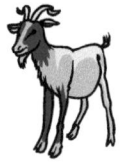

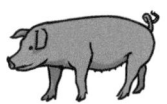

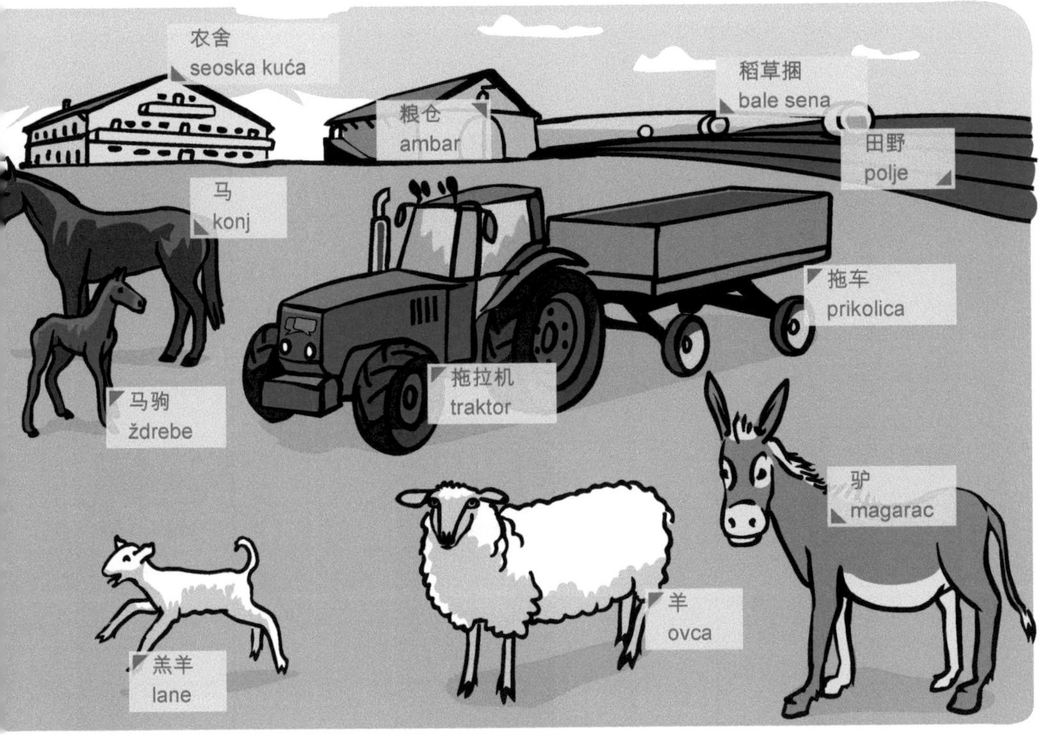

农舍
seoska kuća
粮仓
ambar
稻草捆
bale sena
田野
polje
马
konj
拖车
prikolica
拖拉机
traktor
马驹
ždrebe
驴
magarac
羊
ovca
羔羊
lane

山羊

koza

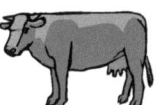

奶牛

krava

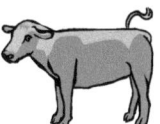

牛犊

tele

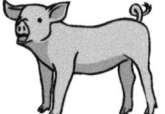

猪

svinja

小猪

prase

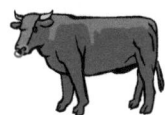

公牛

bik

鹅

guska

鸭

patka

小鸡

pilići

母鸡

kokoš

公鸡

petao

鼠

pacov

猫

mačka

老鼠

miš

牛

vol

狗

pas

狗屋

kućica za psa

花园浇水软管

vrtno crevo

洒水壶

kanta za polivanje

长柄大镰刀

kosa

犁

plug

镰刀

srp

锄头

motika

长柄草耙

viljuška za đubrivo

斧头

sekira

独轮手推车

tačke

饲料槽

korito

牛奶罐

posuda za mleko

麻布袋

vreća

栅栏

ograda

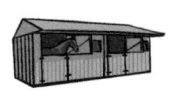

马厩

štala

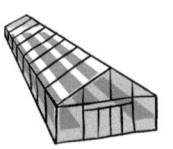

温室

staklenik

土壤

zemlja

种子

seme

肥料

đubrivo

联合收割机

kombajn

收割

žeti

收割

žetva

山药

jams začin

小麦

pšenica

大豆

soja

土豆

krumpir

玉米

kukuruz

油菜籽

uljana repica

果树

voćka

树薯

gomolj manioke

谷物

žitarice

房子
kuća

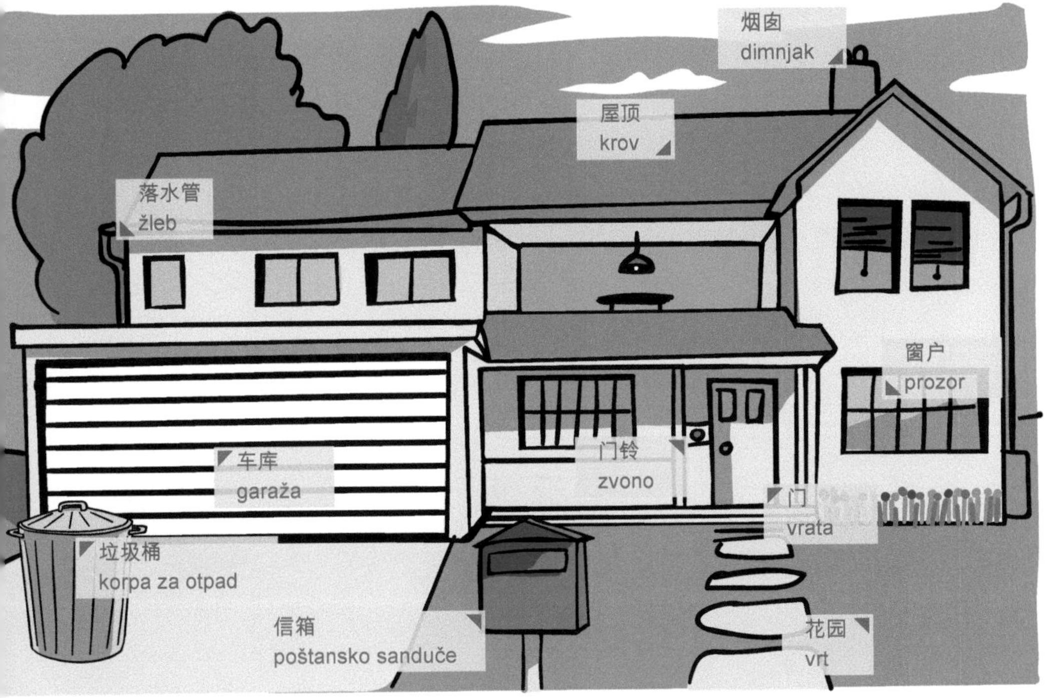
烟囱
dimnjak
屋顶
krov
落水管
žleb
窗户
prozor
车库
garaža
门铃
zvono
门
vrata
垃圾桶
korpa za otpad
信箱
poštansko sandučе
花园
vrt

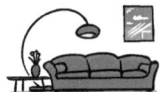

客厅

dnevna soba

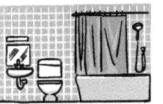

浴室

kupaonica

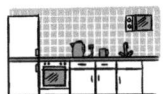

厨房

kuhinja

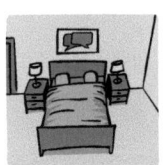

卧室

spavaća soba

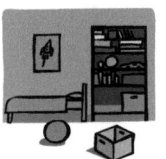

儿童房

dečija soba

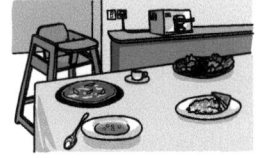

餐厅

trpezarija

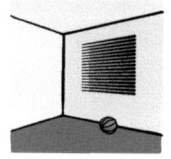

地板
pod

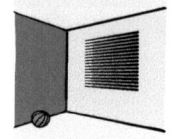

墙壁
zid

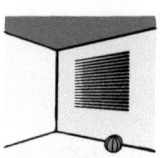

吊顶
strop

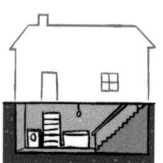

地窖
podrum

桑拿
sauna

阳台
balkon

露台
terasa

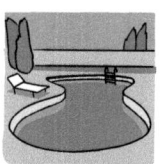

游泳池
bazen

割草机
kosilica za travu

被单
posteljina za krevet

床罩
deka za krevet

床
krevet

扫帚
metla

水桶
kanta

开关
prekidač

客厅

dnevna soba

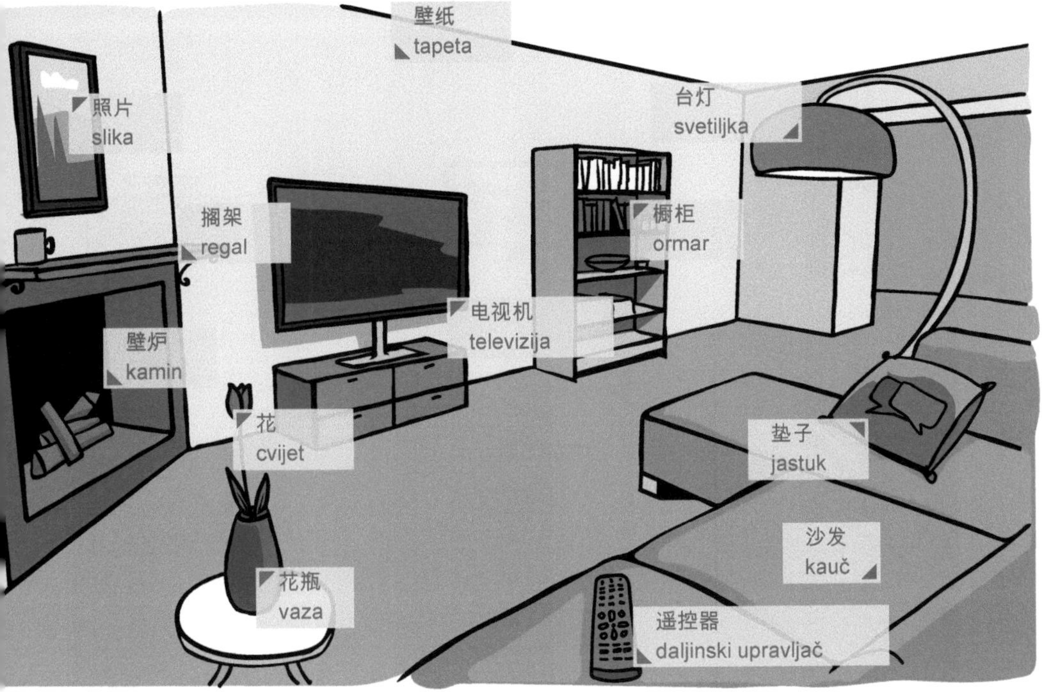

壁纸
tapeta
照片
slika
台灯
svetiljka
搁架
regal
橱柜
ormar
电视机
televizija
壁炉
kamin
花
cvijet
垫子
jastuk
沙发
kauč
花瓶
vaza
遥控器
daljinski upravljač

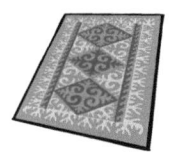

地毯

tepih

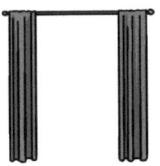

窗帘

zavesa

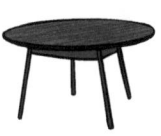

餐桌

sto

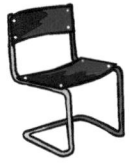

椅子

stolica

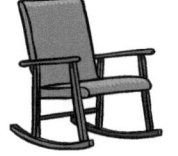

摇椅

stolica za njihanje

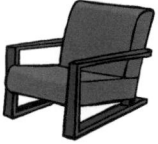

扶手椅

fotelja

书

knjiga

毯子

deka

装饰品

dekoracija

木柴

drvo za ogrev

电影

film

高保真音响

hi-fi uređaj

钥匙

ključ

报纸

novine

油画

slika na platnu

海报

poster

收音机

radio

笔记本

blok za pisanje

吸尘器

usisivač

仙人掌

kaktus

蜡烛

sveća

厨房
kuhinja

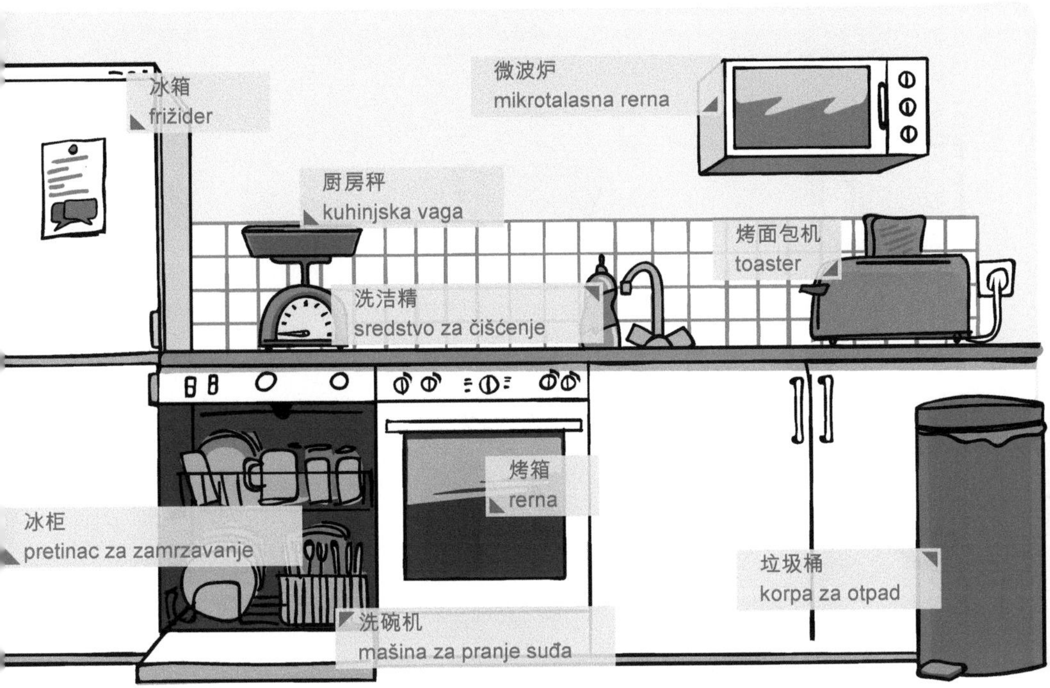
冰箱
frižider
微波炉
mikrotalasna rerna
厨房秤
kuhinjska vaga
烤面包机
toaster
洗洁精
sredstvo za čišćenje
烤箱
rerna
冰柜
pretinac za zamrzavanje
垃圾桶
korpa za otpad
洗碗机
mašina za pranje suđa

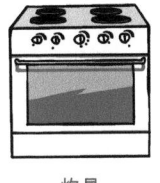

炊具

šporet

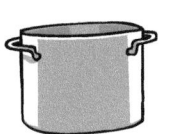

锅

lonac

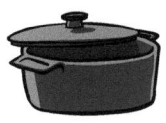

铸铁锅

gvozdeni lonac

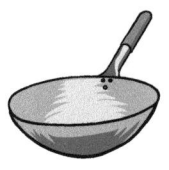

炒锅

wok / kadai

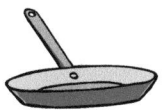

平底锅

tava

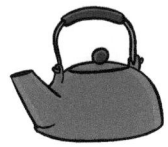

水壶

kuvalo za vodu

蒸锅

kuvalo na paru

烤盘

lim za pečenje

陶瓷锅

posuđe

马克杯

čaša

碗

posuda

筷子

štapići za jelo

长柄勺

kutlača

铲子

lopatica

搅拌器

penjača

滤网

sito za kuvanje

筛子

sito

磨碎机

ribež

研钵

mužar

烧烤

roštilj

明火

ognjište

菜板
daska

擀面杖
oklagija

开瓶器
vadičep

罐子
konzerva

开罐器
otvarač konzervi

隔热手套
krpa za lonac

水槽
sudoper

刷子
četka

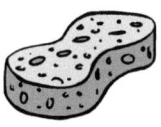

海绵
sunđer

搅拌机
mikser

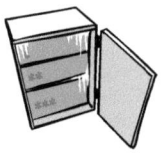

冷藏箱
zamrzivač

奶瓶
flašica za bebe

水龙头
slavina za vodu

浴室

kupaonica

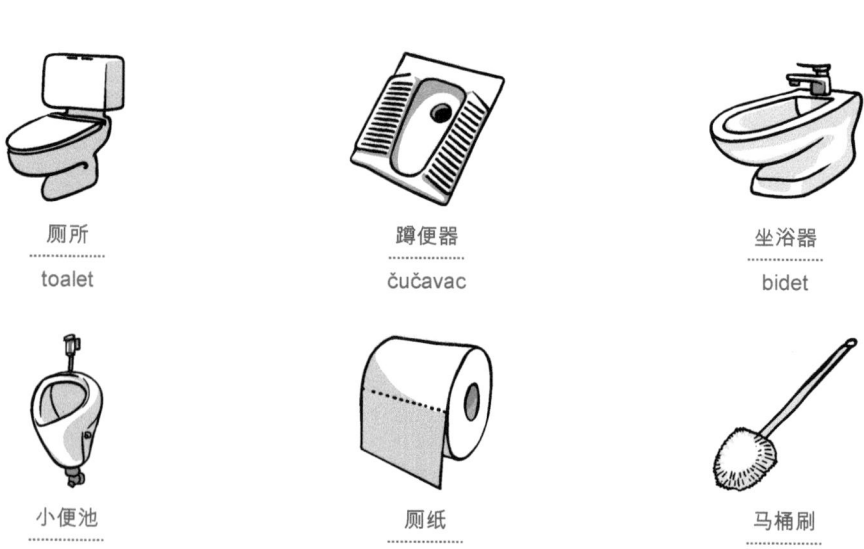

供暖设备
grejanje
毛巾
peškir
淋浴
tuš
浴帘
zavesa za tuš
泡沫浴
penušava kupka
浴缸
kada
玻璃杯
čaša
洗衣机
mašina za pranje veša
水龙头
slavina za vodu
瓷砖
pločice
便壶
tuta
水槽
sudoper

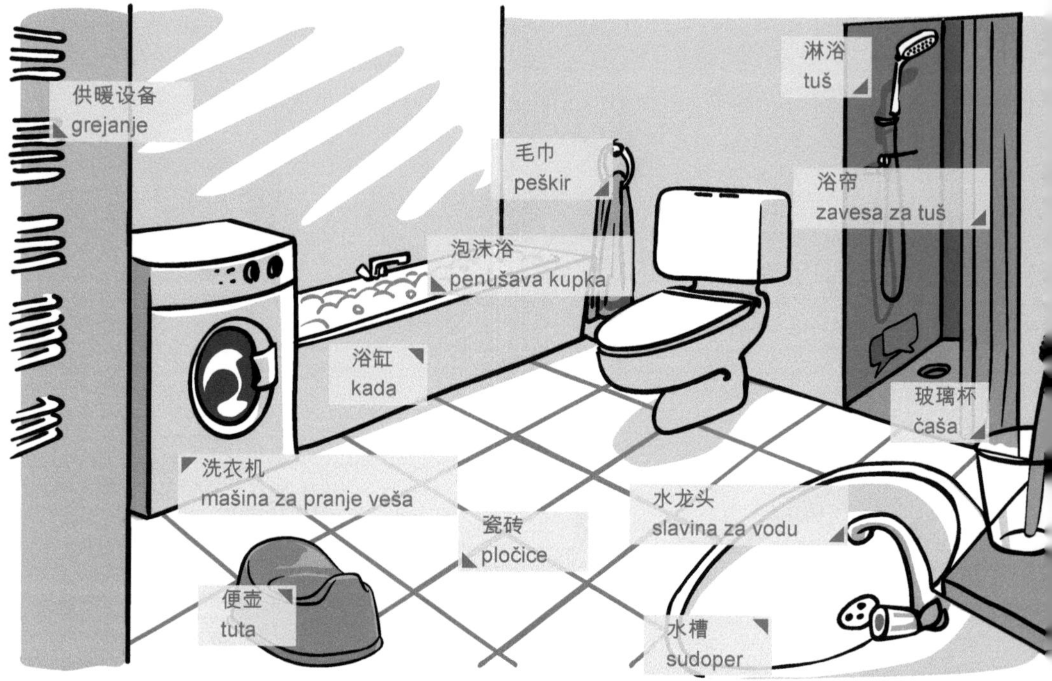

厕所

toalet

蹲便器

čučavac

坐浴器

bidet

小便池

pisoar

厕纸

toaletni papir

马桶刷

četka za toalet

牙刷

četkica za zube

牙膏

pasta za zube

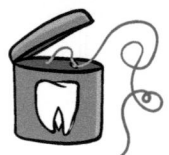

牙线

konac za zube

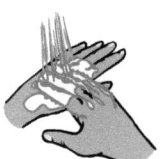

洗

prati

手持式喷淋头

tuš ručica

冲洗器

tuš za pranje intimnih delova

洗脸盆

lavor

擦背刷

četka za pranje leđa

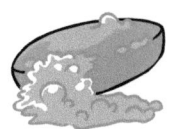

肥皂

sapun

沐浴露

gel za tuširanje

洗发水

šampon

法兰绒

krpa za pranje

排水

odvod

乳霜

krema

除臭剂

dezodorans

浴室 - kupaonica

镜子
ogledalo

手镜
kozmetičko ogledalo

剃须刀
brijač

剃须泡沫
pena za brijanje

须后水
losion za posle brijanja

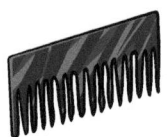

梳子
češalj

刷子
četka

吹风机
fen za kosu

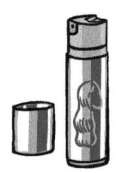

喷发定型剂
sprej za kosu

化妆品
makeup

唇膏
ruž za usne

指甲油
lak za nokte

化妆棉
vata

指甲剪
makaze za nokte

香水
parfem

洗漱包

kozmetička torbica

凳子

stolica

计重秤

vaga

浴袍

ogrtač

橡胶手套

rukavice za čišćenje

卫生棉条

tampon

卫生巾

uložak

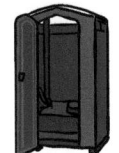

化学厕所

hemijski toalet

儿童房
dečija soba

闹钟
budilnik
毛绒玩具
plišana igračka
玩具车
auto igračka
拨浪鼓
zvečka
玩具屋
kućica za lutke
礼物
poklon

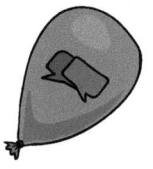

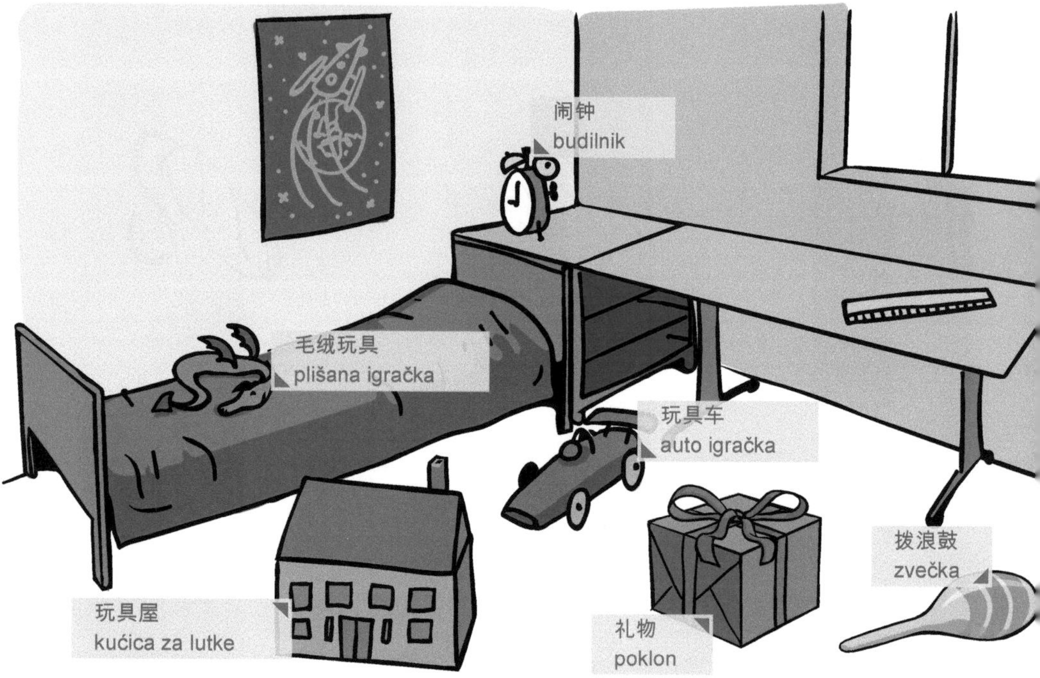

气球

balon

床

krevet

（洋娃娃用）婴儿车

dječija kolica

扑克牌

igra s kartama

拼图

slagalica

SUPER
MEGA

漫画

strip

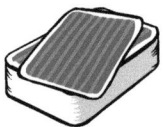

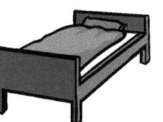

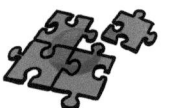

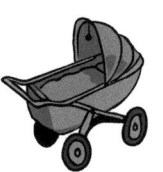

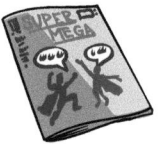

乐高积木

lego kockice

积木玩具

kockice za slaganje

玩具人

akcioni junak

婴儿服

benkica za bebe

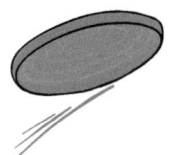

飞盘

frizbi

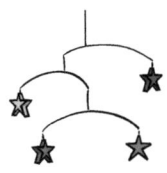

床铃玩具

viseće igračke

棋盘游戏

društvene igre

骰子

kocka

火车模型

minijaturna željeznica

安抚奶嘴

duda

聚会

zabava

绘本

slikovnica

球

lopta

洋娃娃

lutka

玩

igrati

沙坑

pješčanik

秋千

ljuljačka

玩具

igračka

游戏机

konzola za igre

三轮车

tricikl

泰迪熊

tedi

衣柜

ormar

衣服

odeća

袜子

kratke čarape

长袜

čarape

紧身裤

hulahopke

围巾
šal

雨伞
kišobran

T恤
majica

皮带
kaiš

靴子
čizme

拖鞋
papuče

运动鞋
patike

凉鞋
sandale

鞋
cipele

雨靴
gumene čizme

内裤
gaćice

胸罩
grudnjak

背心
potkošulja

衣服 - odeća

45

身体

bodi

裤子

pantalone

牛仔裤

farmerke

短裙

suknja

女式衬衫

bluza

衬衫

košulja

套头衫

džemper

卫衣

džemper s kapuljačom

西装夹克

sako

夹克

jakna

外套

kaput

雨衣

kabanica

套装

kostim

连衣裙

haljina

婚纱

venčanica

衣服 - odeća

西装

odelo

睡袍

spavaćica

睡衣

pidžama

莎丽

sari

头巾

marama za glavu

包头巾

turban

波卡

burka

卡夫坦

kaftan

(阿拉伯式)长袍

abaja

泳衣

kupaći kostim

男式泳裤

kupaće gaćice

短裤

kratke pantalone

运动服

odeća za trening

围裙

kecelja

手套

rukavice

衣服 - odeća

纽扣
dugme

眼镜
naočare

手链
narukvica

项链
ogrlica

戒指
prsten

耳环
naušnica

便帽
kapa

衣架
vešalica

帽子
šešir

领带
kravata

拉链
patent zatvarač

头盔
kaciga

背带
naramenice

校服
školska uniforma

制服
uniforma

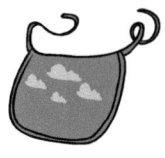

围兜

podbradak

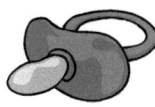

安抚奶嘴

duda

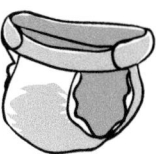

尿不湿

pelena

办公室

kancelarija

服务器
server
文件柜
ormar za spise
打印机
štampač
纸
papir
显示屏
monitor
鼠标
miš
办公桌
pisaći stol
文件夹
mapa
键盘
tastatura
废纸篓
košara za papir
电脑
kompjuter
椅子
stolica

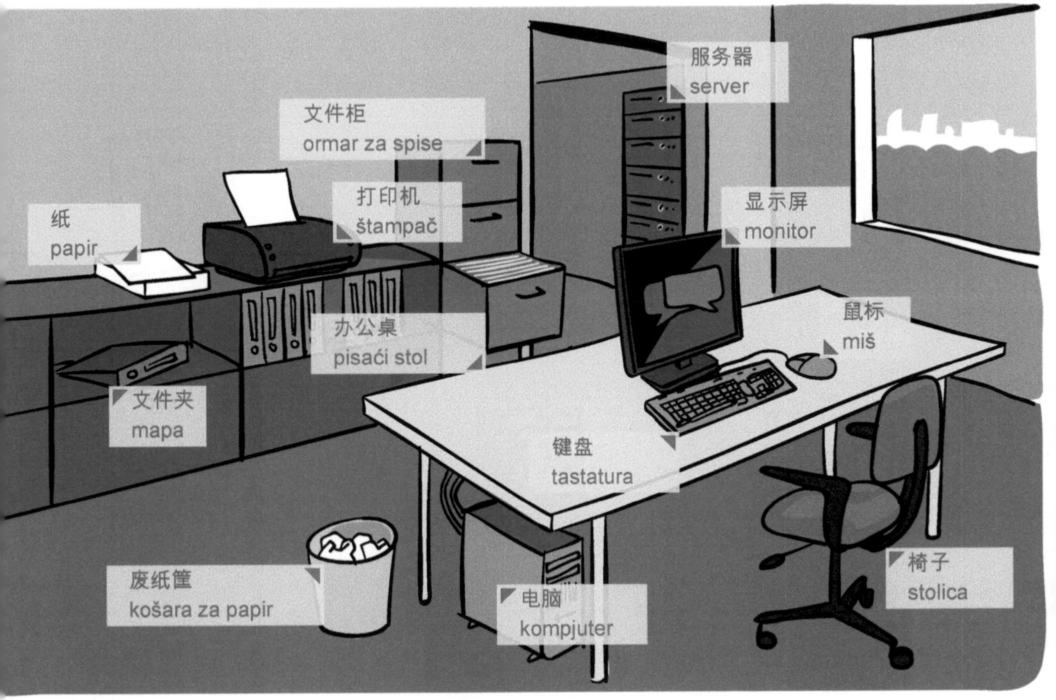

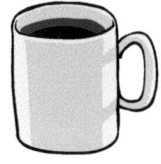

咖啡杯

šalica za kavu

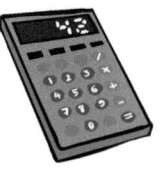

计算器

kalkulator

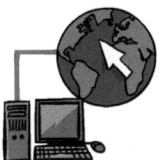

因特网

internet

笔记本电脑
laptop

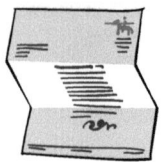

信件
pismo

消息
poruka

手机
mobilni telefon

网络
mreža

复印机
uređaj za kopiranje

软件
softver

电话
telefon

插座
utičnica

传真机
faks

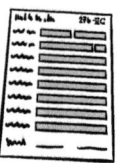

表格
formular

文件
dokument

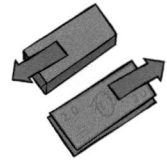

买

kupovati

付钱

platiti

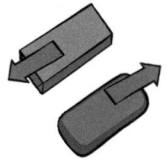

交易

trgovati

现金

novac

美元

dolar

欧元

evro

日元

jen

卢布

rublja

瑞士法郎

švajcarski franak

人民币

renmindbi juan

卢比

rupija

提款处

automat za novac

外币兑换处
menjačnica

金
zlato

银
srebro

石油
nafta

能源
energija

价格
cena

合同
ugovor

税金
porez

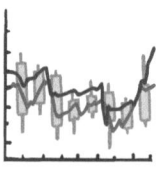

股票
deonica

工作
raditi

职员
službenik

老板
poslodavac

工厂
fabrika

商店
prodavnica

职业

zanimanja

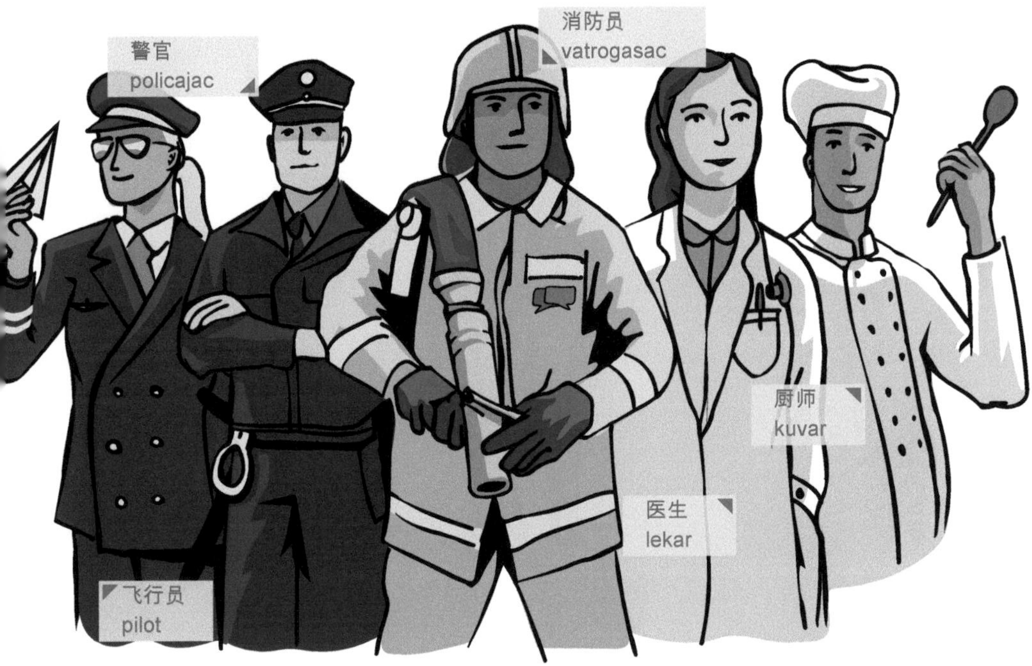

警官
policajac
消防员
vatrogasac
厨师
kuvar
医生
lekar
飞行员
pilot

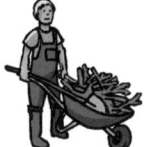

园丁

vrtlar

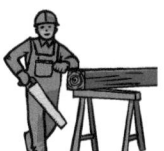

木匠

stolar

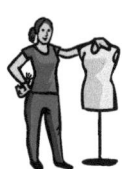

裁缝

krojačica

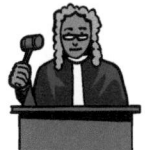

法官

sudija

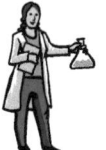

化学家

hemičar

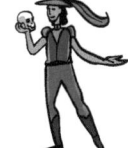

演员

glumac

公交车司机

vozač autobusa

出租车司机

vozač taksija

渔夫

ribar

清洁女工

čistačica

屋顶工

krovopokrivač

服务员

konobar

猎人

lovac

画家

slikar

面包师

pekar

电工

električar

建筑工人

građevinski radnik

工程师

inženjer

屠夫

mesar

水管工

limar

邮递员

poštar

士兵

vojnik

建筑师

arhitekta

收银员

blagajnik

花农

cvećar

理发师

frizer

售票员

kondukter

机械师

mehaničar

船长

kapetan

牙医

zubar

科学家

naučnik

拉比

rabi

伊玛目

imam

和尚

monah

牧师

svećenik

工具
alati

铁锤
čekić
钳子
klešta
螺丝刀
odvijač
扳手
ključ za zavrtnje
手电筒
džepna lampa

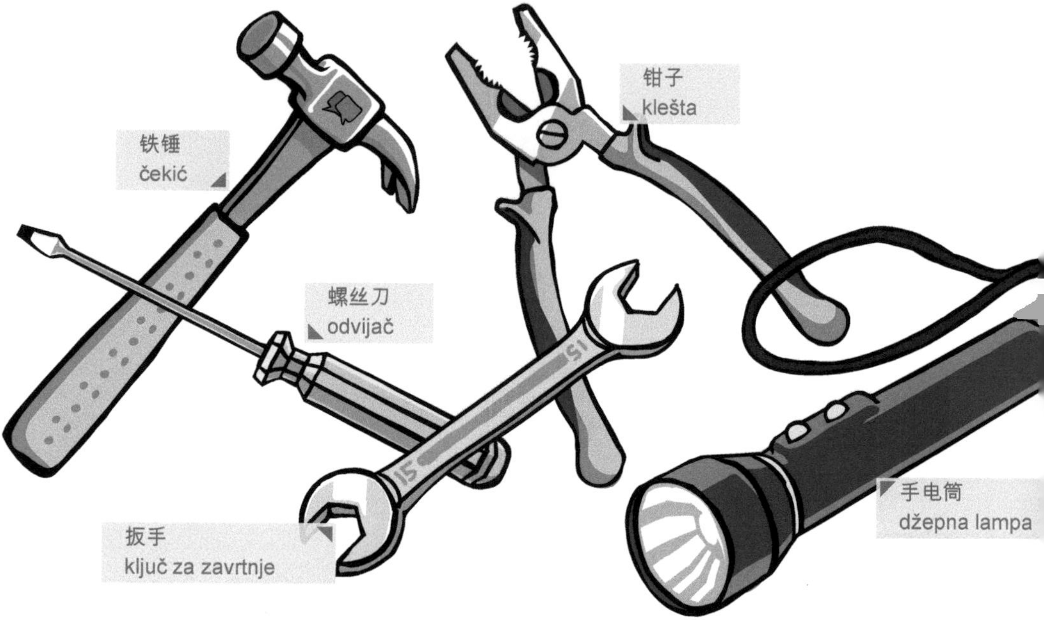

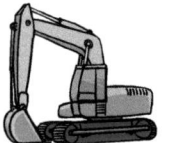

挖掘机

bager

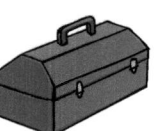

工具箱

kutija za alat

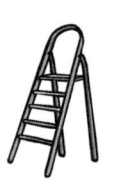

梯子

merdevine

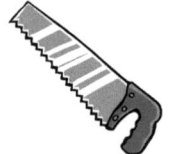

锯子

pila

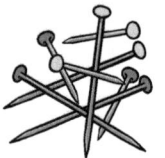

钉子

ekser

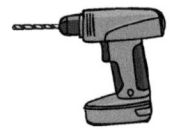

钻机

bušilica

修
popraviti

铲子
lopata

靠！
do đavola!

簸箕
lopatica

油漆桶
lonac za boju

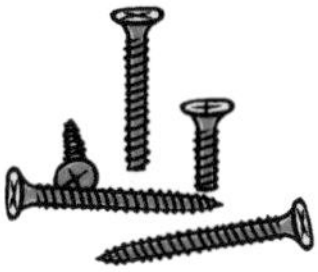

螺丝
zavrtanji

乐器
muzički instrument

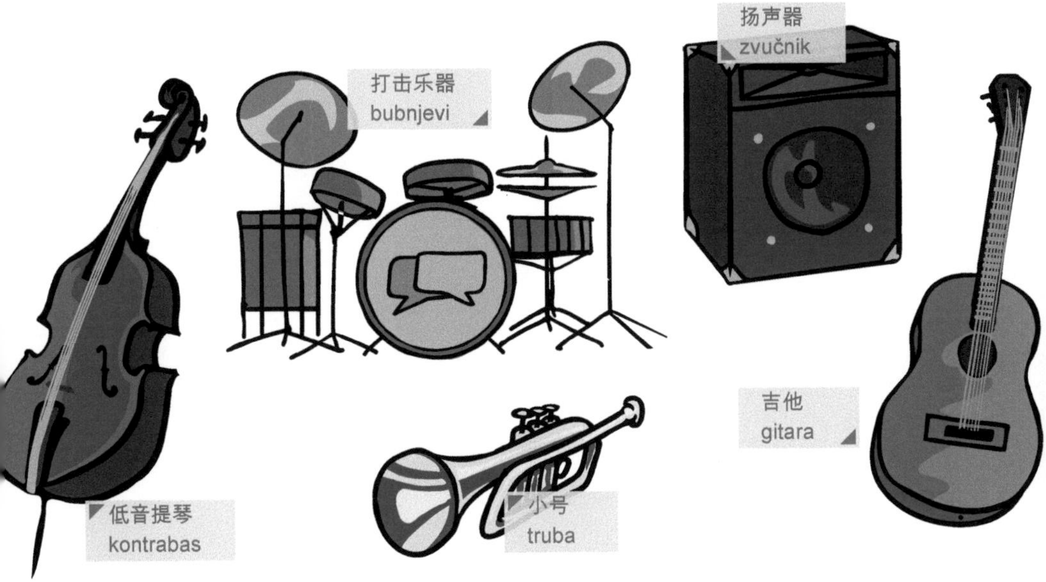

扬声器
zvučnik

打击乐器
bubnjevi

吉他
gitara

低音提琴
kontrabas

小号
truba

钢琴

klavir

小提琴

violina

贝斯

bas

定音鼓

timpani

鼓

udaraljke za bubnjeve

电子琴

tipke klavira

萨克斯管

saksofon

长笛

flauta

麦克风

mikrofon

动物园

zoološki vrt

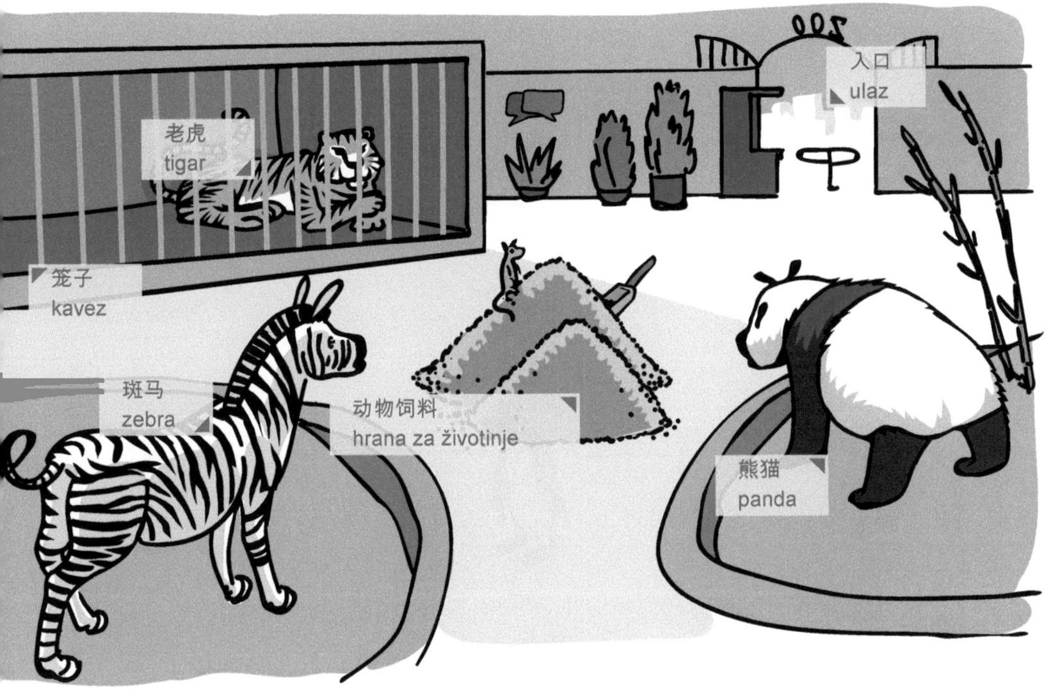
入口
ulaz
老虎
tigar
笼子
kavez
斑马
zebra
动物饲料
hrana za životinje
熊猫
panda

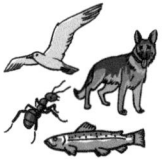

动物

životinje

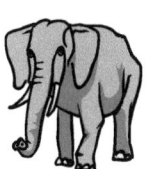

大象

slon

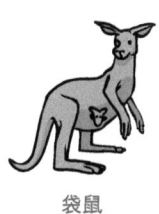

袋鼠

kengur

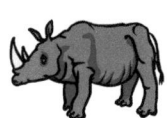

犀牛

nosorog

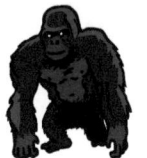

大猩猩

gorila

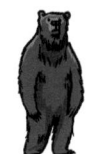

熊

medved

骆驼

kamila

鸵鸟

noj

狮子

lav

猴子

majmun

火烈鸟

flamingo

鹦鹉

papagaj

北极熊

polarni medved

企鹅

pingvin

鲨鱼

ajkula

孔雀

paun

蛇

zmija

鳄鱼

krokodil

动物园管理员

čuvar u zoološkom vrtu

海豹

tuljan

美洲豹

jaguar

矮种马
poni

豹
leopard

河马
nilski konj

长颈鹿
žirafa

老鹰
orao

野猪
divlja svinja

鱼
riba

龟
kornjača

海象
morž

狐狸
lisica

羚羊
gazela

动物园 - zoološki vrt

橄榄球
američki nogomet

骑自行车
biciklizam

网球
tenis

篮球
košarka

游泳
plivanje

拳击
boks

冰球
hokej na ledu

英式足球

fudbal

羽毛球

badminton

田径

atletika

手球

rukomet

滑雪

skijanje

马球

polo

跳
skočiti

拥抱
zagrliti

笑
smejati se

走路
ići

唱
pevati

祈祷
moliti se

亲吻
poljubiti

做梦
sanjati

书写
pisati

画
crtati

展示
pokazati

推
gurati

给
dati

拿
uzeti

有
imati

做
činiti

当
biti

站
stojati

跑
trčati

拉
povlačiti

扔
baciti

摔倒
padati

躺
ležati

等待
čekati

携带
nositi

坐
sediti

穿衣
oblačiti

睡觉
spavati

醒来
probuditi se

看

gledati

哭

plakati

抚摸

milovati

梳头

češljati

交谈

govoriti

明白

razumeti

问

pitati

听

slušati

喝

piti

吃

jesti

清理

pospremiti

爱

voleti

做饭

kuhati

开车

voziti

飞

leteti

航行

ploviti

计算

računati

读

čitati

学习

učiti

工作

raditi

结婚

venčati se

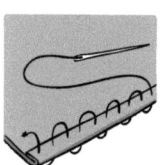

缝

šiti

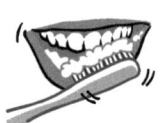

刷牙

prati zube

杀

ubiti

抽烟

pušiti

寄

poslati

porodica

祖母
baka

祖父
deda

父亲
otac

母亲
majka

婴童
beba

女儿
kćerka

儿子
sin

客人
gost

阿姨
tetka

叔叔
ujak, stric

兄弟
brat

姐妹
sestra

身体

telo

前额
čelo
眼睛
oko
肩膀
rame
手指
prst
脸
lice
下巴
brada
手
ruka
腿
noga
乳房
grudi
手臂
ruka

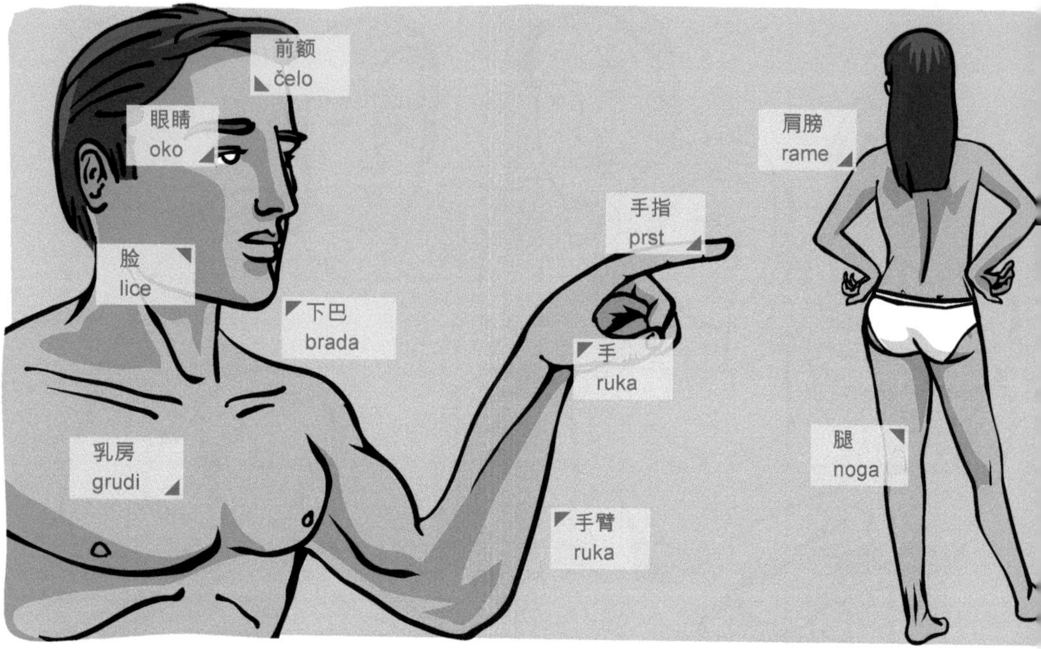

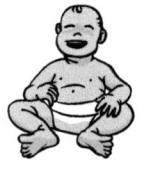

婴童

beba

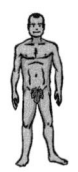

男人

muškarac

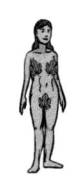

女人

žena

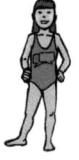

女孩

devojčica

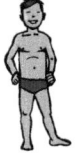

男孩

dečak

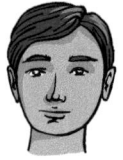

头

glava

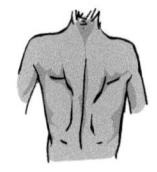

背部

leđa

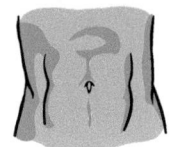

肚子

stomak

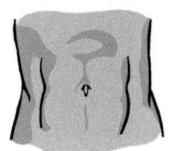

肚脐

pupak

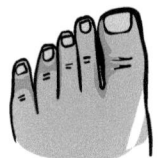

脚趾

nožni prst

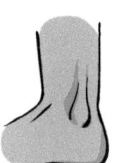

脚后跟

peta

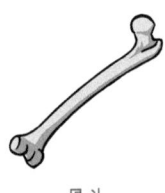

骨头

kost

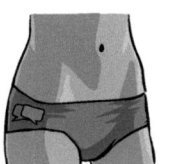

臀部

kukovi

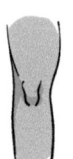

膝盖

koleno

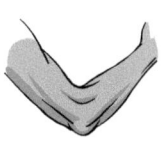

手肘

lakat

鼻子

nos

屁股

zadnjica

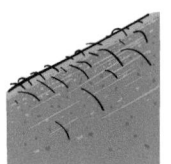

皮肤

koža

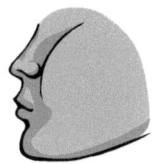

脸颊

obraz

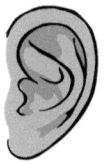

耳朵

uvo

嘴唇

usna

身体 - telo

69

嘴
usta

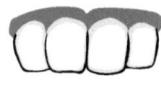

牙齿
zub

舌头
jezik

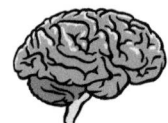

脑
mozak

心脏
srce

肌肉
mišić

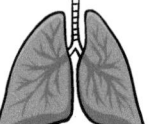

肺
pluća

肝脏
jetra

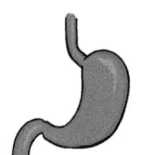

胃
želudac

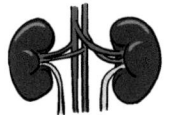

肾脏
bubrezi

性交
polni odnos

避孕套
kondom

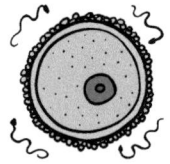

卵子
jajna ćelija

精子
sperma

怀孕
trudnoća

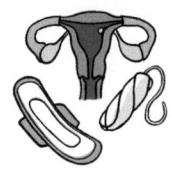

月经

menstruacija

阴道

vagina

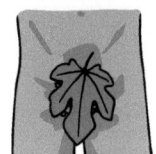

阴茎

penis

眉毛

obrva

头发

kosa

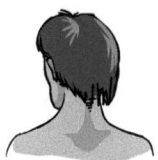

脖子

vrat

医院

bolnica

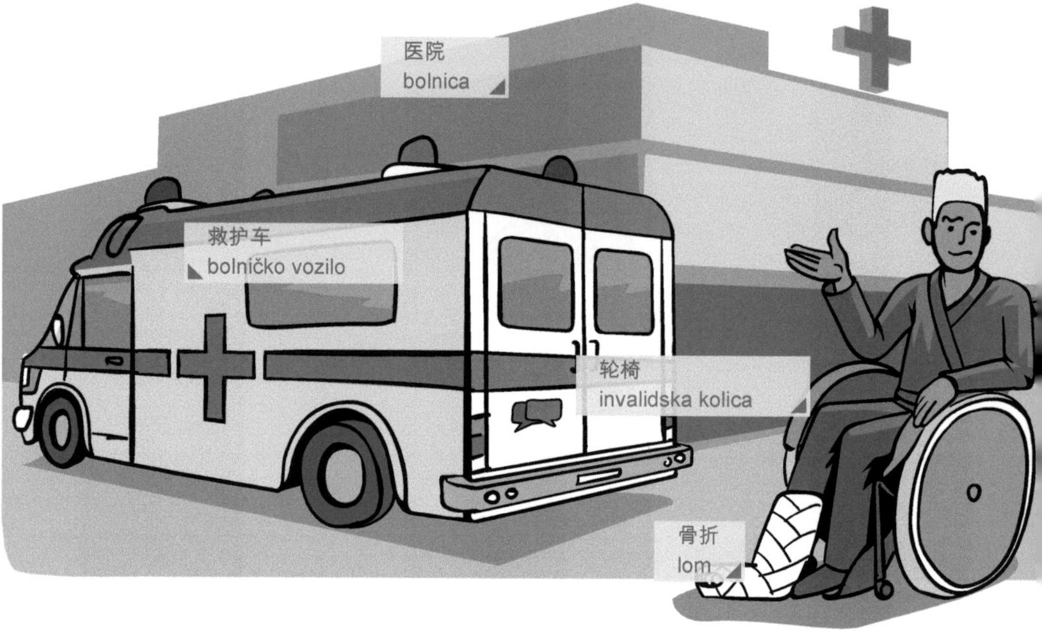

医院
bolnica
救护车
bolničko vozilo
轮椅
invalidska kolica
骨折
lom

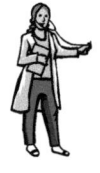

医生

lekar

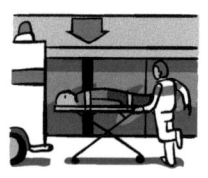

急诊室

hitna medicinska služba

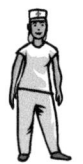

护士

medicinska sestra

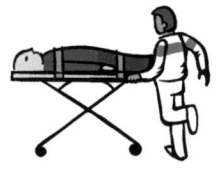

紧急情况

hitni slučaj

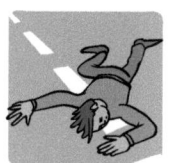

昏迷

nesvest

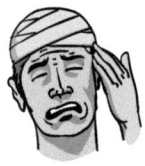

痛

bol

受伤

povreda

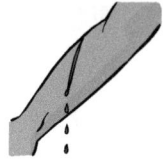

出血

krvarenje

心脏病发作

srčani udar

中风

udar

过敏

alergija

咳嗽

kašalj

发烧

groznica

流感

gripa

腹泻

proliv

头痛

glavobolja

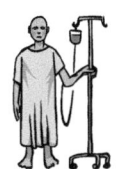

癌症

rak

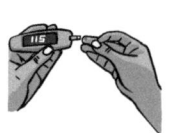

糖尿病

dijabetes

外科医生

hirurg

手术刀

skalpel

手术

operacija

CT
ct

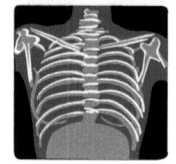

X光
rentgen

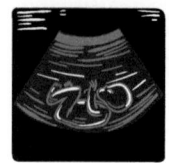

超声波
ultrazvuk

口罩
maska

疾病
bolest

候诊室
čekaona

拐杖
štaka

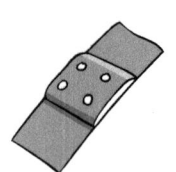

石膏
flaster

绷带
zavoj

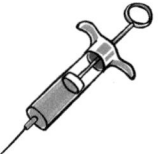

注射
injekcija

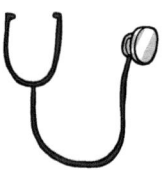

听诊器
stetoskop

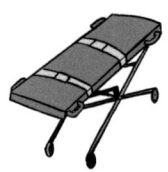

担架
nosila

体温计
termometar

出生
rođenje

超重
prekomerna težina

助听器

slušni aparat

消毒液

sredstvo za dezinfekciju

感染

infekcija

病毒

virus

艾滋病

HIV / AIDS

药物

medicina

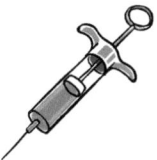

接种疫苗

vakcinacija

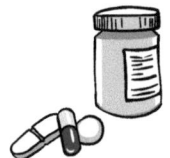

药片

tablete

药丸

pilula

急救电话

hitni poziv

血压计

uređaj za merenje pritiska

生病/健康

bolesno / zdravo

医院 - bolnica

救命！

pomoć!

警报

alarm

突击

nasrtaj

攻击

napad

危险

opasnost

紧急出口

izlaz u slučaju nužde

着火啦！

požar!

灭火器

protivpožarni aparat

意外

nezgoda

急救箱

kutija prve pomoći

呼救信号

sos

警察

policija

欧洲

Evropa

北美洲

Severna Amerika

南美洲

Južna Amerika

非洲

Afrika

亚洲

Azija

澳洲

Australija

大西洋

Atlantik

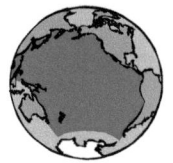

太平洋

Pacifik

印度洋

Indijski okean

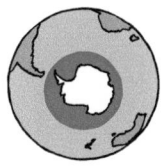

南冰洋

Antarktički okean

北冰洋

Arktički ocean

北极

Severni pol

南极
Južni pol

南极洲
Antarktik

地球
zemlja

陆地
zemlja

海
more

岛
otok

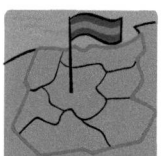

国家
nacija

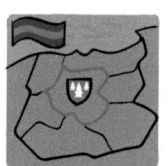

国家
država

钟面

brojčanik sata

时针

satna kazaljka

分针

minutna kazaljka

秒针

sekundna kazaljka

现在几点？

Koliko je sati?

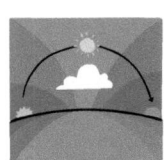

天

dan

时间

vreme

现在

sada

电子表

digitalni sat

分

minuta

时

čas

周

sedmica

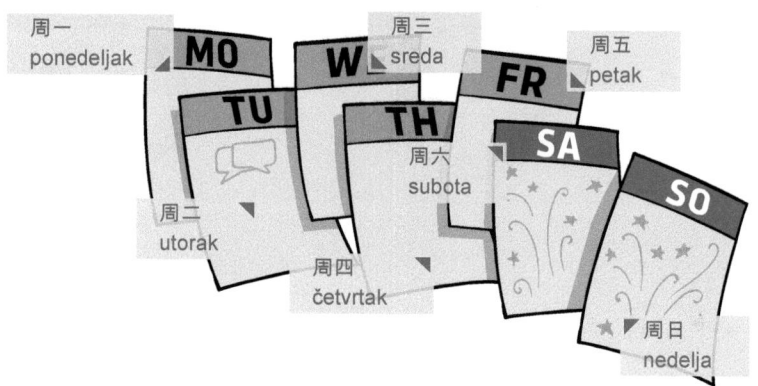

周一 — ponedeljak
周二 — utorak
周三 — sreda
周四 — četvrtak
周五 — petak
周六 — subota
周日 — nedelja

昨天
juče

今天
danas

明天
sutra

早晨
jutro

中午
podne

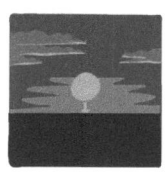

晚上
veče

工作日
radni dani

周末
vikend

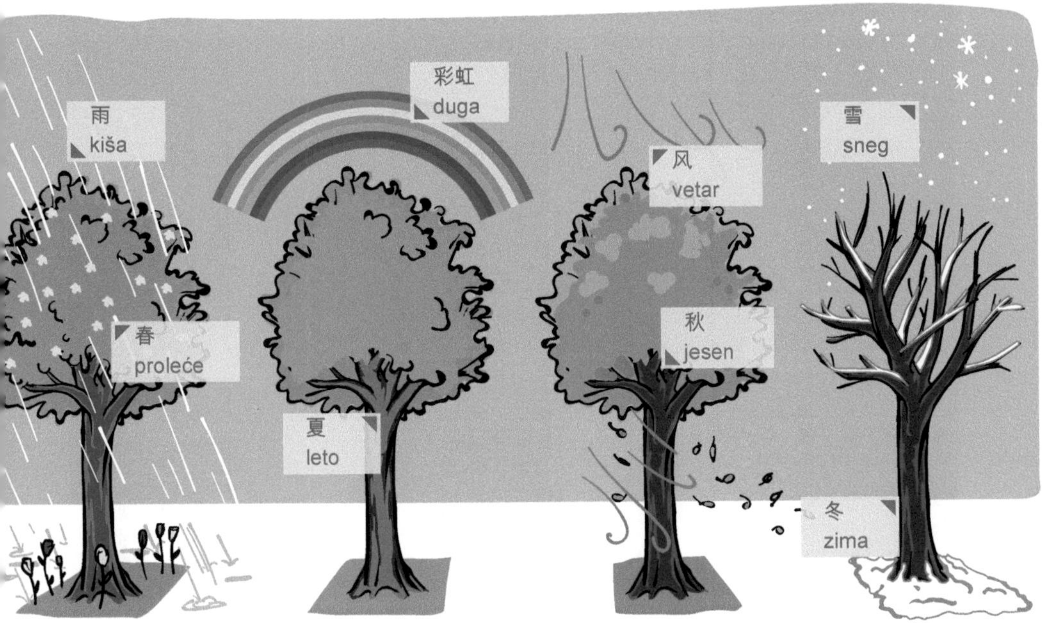

雨
kiša
彩虹
duga
风
vetar
雪
sneg
春
proleće
夏
leto
秋
jesen
冬
zima

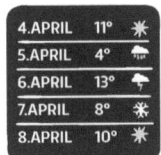

4.APRIL 11°
5.APRIL 4°
6.APRIL 13°
7.APRIL 8°
8.APRIL 10°

天气预报

meteorološka prognoza

F
C
120
90
60
30
0
-30
40
30
20
10
0
-10
-20

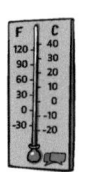

温度计

termometar

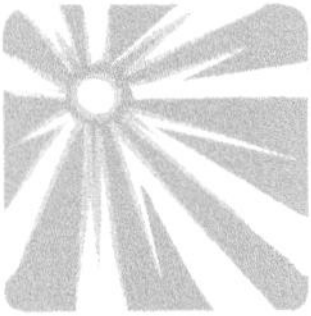

阳光

sunčana svetlost

云

oblak

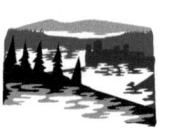

雾

magla

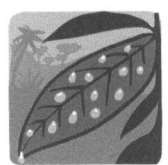

潮湿

vlažnost vazduha

闪电

munja

打雷

grmljavina

风暴

oluja

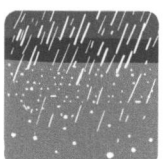

冰雹

tuča

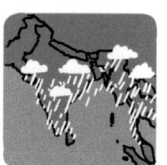

季风

monsun

洪水

poplava

冰

led

一月

januar

二月

februar

三月

mart

四月

april

五月

maj

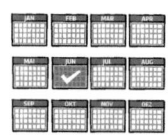

六月

juni

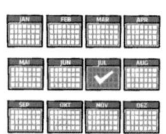

七月

juli

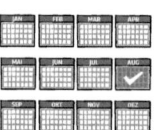

八月

avgust

年 - godina

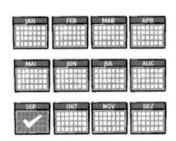

九月

septembar

十月

oktobar

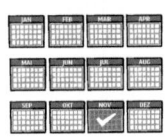

十一月

novembar

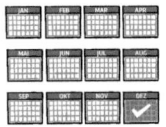

十二月

decembar

形状
oblici

圆形

krug

正方形

kvadrat

长方形

pravougao

三角形

trougao

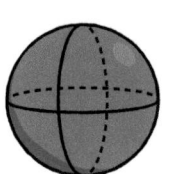

球体

kugla

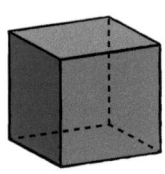

立方体

kocka

白

bela

黄

žuta

橙

narandžasta

粉

ružičasta

红

crvena

紫

ljubičasta

蓝

plava

绿

zelena

棕

smeđa

灰

siva

黑

crna

很多/少许

mnogo / malo

生气/平静

ljutito / mirno

美/丑

lepo / ružno

首/尾

početak / kraj

大/小

veliko / maleno

明/暗

svetlo / tamno

兄弟/姐妹

brat / sestra

干净/肮脏

čisto / prljavo

完整/缺失

potpuno / nepotpuno

白天/晚上

dan / noć

死/生

mrtvo / živo

宽/窄

široko / usko

可食用/非食用

jestivo / nejestivo

邪恶/善良

zlo / dobro

兴奋/无聊

uzbuđeno / dosadno

胖/瘦

debelo / mršavo

第一/最后

na početku / na kraju

朋友/敌人

prijatelj / neprijatelj

满/空

puno / prazno

硬/软

tvrdo / mekano

重/轻

teško / lagano

饿/渴

glad / žeđ

生病/健康

bolesno / zdravo

非法/合法

ilegalno / legalno

聪明/愚笨

pametno / glupo

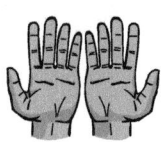

左/右

levo / desno

近/远

blizu / daleko

新/旧

novo / polovno

没有/有些

ništa / nešto

老/幼

staro / mlado

开/关

uključeno / isključeno

打开/合上

otvoreno / zatvoreno

安静/吵闹

tiho / glasno

富/穷

bogato / siromašno

对/错

tačno / pogrešno

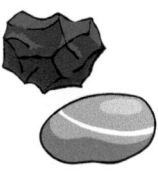

粗糙/光滑

hrapavo / glatko

伤心/高兴

tužno / sretno

短/长

kratko / dugo

慢/快

polako / brzo

湿/干

mokro / suho

温暖/凉爽

toplo / hladno

战争/和平

rat / mir

反义词 - suprotnosti

0

零

nula

1

一

jedan

2

二

dva

3

三

tri

4

四

četiri

5

五

pet

6

六

šest

7

七

sedam

8

八

osam

9

九

devet

10

十

deset

11

十一

jedanaest

12

十二

dvanaest

13

十三

trinaest

14

十四

četrnaest

15

十五

petnaest

16

十六

šestnaest

17

十七

sedamnaest

18

十八

osamnaest

19

十九

devetnaest

20

二十

dvadeset

100

百

stotinu

1.000

千

hiljadu

1.000.000

百万

milion

语言
jezici

英语

engleski

美式英语

američki engleski

普通话

mandarinski kineski

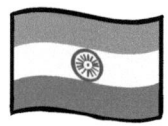

印地语

hindski

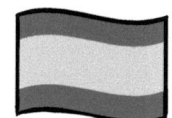

西班牙语

španski

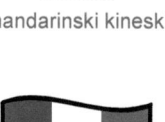

法语

francuski

阿拉伯语

arapski

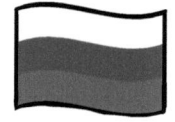

俄语

ruski

葡萄牙语

portugalski

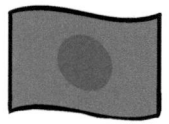

孟加拉语

bengalski

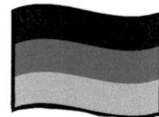

德语

nemački

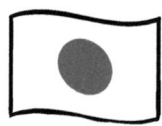

日语

japanski

我

ja

你

ti

他/她/它

on / ona / ono

我们

mi

你们

vi

他们

oni

谁？

Ko?

什么？

Šta?

怎样？

Kako?

哪里？

Gde?

什么时候？

Kada?

名字

ime

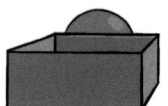

后面

iza

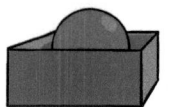

里面

u

前面

ispred

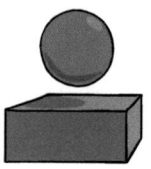

上方

preko

上面

na

下面

ispod

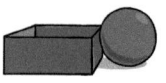

旁边

pored

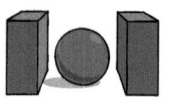

中间

između

地点

mesto